HBJ ESTRELLAS DE LA LITERATURA

EN CAMINO

AUTORES

MARGARET A. GALLEGO
ROLANDO R. HINOJOSA-SMITH
CLARITA KOHEN
HILDA MEDRANO
JUAN S. SOLIS
ELEANOR W. THONIS

 HARCOURT BRACE JOVANOVICH, INC.
Orlando   Austin   San Diego   Chicago   Dallas   New York

Requests for permission to make copies of any part of the work should be mailed to: Permissions Department, Harcourt Brace Jovanovich, Inc., Orlando, Florida 32887

Acknowledgments

For permission to reprint copyrighted material, grateful acknowledgment is made to the following sources:

CELTA Amaquemecan: El hijo del elefante by Rudyard Kipling and Jan Mogensen. Original Danish title *Hvordan Elefanten Fik Sin Lange Snabel* published by Høst and Søhn Forlag, Copenhagen, Denmark. © for illustrations 1988. Spanish translation by CELTA Amaquemecan, Amecameca, México.

Ediciones SM: Nana Bunilda come pesadillas. Original title *Nana Bunilda menja malsons* by Mercé Company. Illustrations by Agustí Asencio. Copyright © 1990 by Ediciones SM. Published by Ediciones SM, Madrid, Spain.

Ediciones SM: El valle de la niebla. Original title *Das Tal im Nebel.* Copyright © 1986 by Bohem Press, Zürich. Spanish version © 1987 Ediciones SM. Published by Ediciones SM, Madrid, Spain.

Laredo Publishing Co., Inc.: "Duerman" by Patricia Lara from *Voces de mi tierra.* Copyright © 1993 by Laredo Publishing Co., Inc. Published by Laredo Publishing Co., Inc., Torrance, California.

Ediciones de la Torre: "Las canciones de Natacha" by Juana de Ibarbourou from *Juana de Ibarbourou para niños.* Copyright © 1991 by "Colección Alba y Mayo" Ediciones de la Torre. Published by Ediciones de la Torre, Madrid, Spain.

Every effort has been made to locate the copyright holders for the selections in this work. The publisher would be pleased to receive information that would allow correction of any omissions in future printings.

Photo Credits

Key: (t) = top, (b) = bottom, (l) = left, (r) = right, (c) = center, (bg) = background

6-7, HBJ/Maria Paraskevas
10, Michael Portzen/Laredo Publishing
58, HBJ/Maria Paraskevas
62, Michael Portzen/Laredo Publishing
94-95, Michael Portzen/Laredo Publishing

Illustration Credits

Cover by José Ramón Sánchez; Armando Martínez, 4, 5; Ludmill Dimitrov, 8, 9, 90, 91; Wendy Chang, (Glossary) 124-128; Gino Hasler, 54, 55, 122, 123; Ricardo Gamboa, 56, 57; Fabián López, 88, 89, 92, 93.

Printed in the United States of America.

ISBN 0-15-304443-8

6 7 8 9 10 048 96

Querido amigo:

¿Alguna vez has deseado satisfacer alguna curiosidad? En las lecturas que siguen conocerás una simpática leyenda que cuenta lo que hace un animal para satisfacer su curiosidad.

Conocerás también cuentos fantásticos sobre niños que se preocupan por ayudar a otras personas; y si te gusta soñar, vas a conocer a alguien que te ayudará a tener sueños fabulosos. ¡Que te diviertas y disfrutes mucho las lecturas!

¡Buena suerte!

Los autores

EN CAMINO

EN CAMINO

Í N D I C E

UNA GRAN AVENTURA / 6

4

UNA GRAN AVENTURA

¿Has visto alguna vez un elefante?
Estos animales fabulosos han inspirado
a muchos escritores. Aquí leerás sobre ellos
en poemas y en un cuento que te dirá sobre
uno que es muy curioso, insistente y que
escoge su propio camino que lo lleva
a aprender varias lecciones. ¿Quieres
conocerlo? ¡Pues adelante!

Í N D I C E

. . . .

CANCIÓN DE CUNA DE LOS ELEFANTES

El elefante lloraba
porque no quería dormir
—Duerme, elefantito mío,
que la luna te va a oír. . .

—Papá elefante está cerca,
se oye en el manglar mugir;
duerme, elefantito mío,
que la luna te va a oír. . .

El elefante lloraba
(¡con un aire de infeliz!)
y alzaba su trompa al viento. . .
Parecía que la luna
le limpiaba la nariz. . .

Adriano del Valle

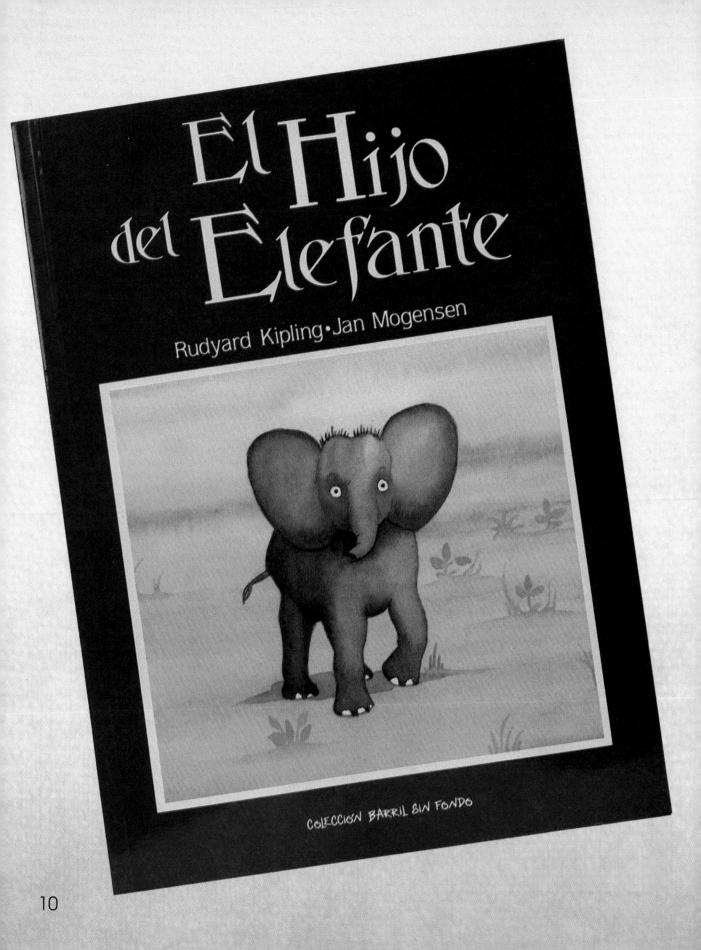

El Hijo del Elefante

Rudyard Kipling•Jan Mogensen

COLECCIÓN BARRIL SIN FONDO

Hace mucho, pero muchísimo tiempo, el elefante no tenía trompa. Sólo poseía una nariz negruzca y curva, del tamaño de una bota grande, que si bien podía mover, no le servía para agarrar nada.

Existía también otro elefante, un pequeño elefante que era hijo del primitivo y que sentía una insaciable curiosidad. Este pequeño elefante hacía preguntas en todo momento. Vivía en África e importunaba a todo el continente con su tremenda curiosidad.

Un día preguntó al avestruz, uno de los más altos de sus tíos, por qué le crecían de aquel modo las plumas de la cola; entonces el avestruz, a quien no le gustaban las preguntas, se molestó y corrió tras él, picoteándolo.

Más tarde, el elefantito le preguntó a su tía la jirafa cómo le habían salido las manchas en la piel. Y su esbelta tía también se enojó por la pregunta.

Pero como seguía lleno de curiosidad, se acercó a su tío el
hipopótamo para saber por qué tenía los ojitos tan rojos, y su
rechoncho tío el hipopótamo lo amenazó, sumamente molesto.

Fue a preguntarle al peludo tío el mandril, por qué sabían de
aquel modo los melones, pero su tío el mandril también se irritó.

El elefantito seguía lleno de curiosidad. Hacía preguntas sobre cuanto veía, oía, olía y tocaba, y todos sus amigos, vecinos y familiares seguían enojándose con él.

Una espléndida mañana, aquel insaciable hijo del elefante hizo una delicadísima pregunta que hasta entonces no había formulado. Preguntó: ¿Qué cena el cocodrilo? Y todos se apresuraron a hacerle callar con un «¡Shhht!» estentóreo y temeroso.

Como nadie le respondiera, el hijo del elefante fue al encuentro del pájaro Kolokolo, que estaba posado en mitad de un espino.

—Mi padre y mi madre me han regañado —dijo el elefante— y también todos mis tíos y tías se han molestado conmigo por mi insaciable curiosidad. Pero a pesar de todo, quisiera saber qué cena el cocodrilo.

El pájaro Kolokolo le contestó con voz quejumbrosa:

—Vete a las riberas del río Limpopo, el de las aguas grises, verdosas y sucias que se deslizan entre los árboles de la fiebre, y ahí lograrás satisfacer tu curiosidad.

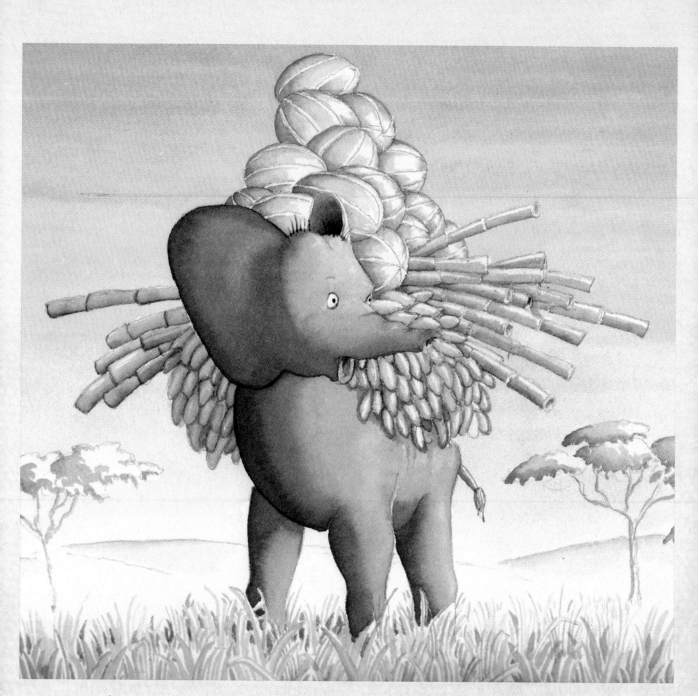

A la mañana siguiente, aquel joven elefante tomó cincuenta kilos de plátanos, cincuenta kilos de caña de azúcar, diecisiete melones de la variedad verde y crujiente, y se despidió de su familia, sus amigos y sus vecinos.

—Adiós —les dijo—. Me voy hacia el gran río Limpopo, el de las aguas grises, verdosas y sucias que se deslizan entre los árboles de la fiebre, para ver qué cena el cocodrilo.

Y sus familiares volvieron a regañarlo.

A pesar de ello, decidió ponerse en marcha. Iba comiendo melones, dejando las cortezas en el camino, porque no tenía forma de recogerlas.

Desde la villa de Graham fue a Kimberley.

De Kimberley pasó al país de Kamaha.

Desde el país de Kamaha se dirigió hacia el este, pasando por el norte, siempre comiendo melones.

Al fin llegó a las riberas del río Limpopo, el de las aguas grises, verdosas y sucias que se deslizan entre los árboles de la fiebre, tal como le había dicho el pájaro Kolokolo.

El insaciable elefantito nunca había visto un cocodrilo, ni sabía cómo era. De ahí su tremenda curiosidad.

Lo primero que encontró fue una gran boa de las rocas, enroscada en una piedra.

—Disculpe usted —dijo el joven elefantito con sus mejores modales—.
¿Ha visto usted un tal cocodrilo por estos parajes?

   —¿Que si he visto un cocodrilo? —preguntó la boa con terrible
ironía— ¿Y qué más quieres preguntarme?

   —Disculpe usted —insistió el joven elefante— pero, ¿no tendría la
amabilidad de decirme qué cena el cocodrilo?

Entonces, la boa de las rocas se desenroscó bruscamente, se abalanzó sobre el elefante y le golpeó con su cola larga y escamosa.

—¡Qué raro! —dijo el hijo del elefante—. Mi papá, mi mamá, mi tío y mi tía, por no mencionar a mi otro tío hipopótamo y a mi otro tío el mandril, todos me han regañado por mi insaciable curiosidad. Al parecer ahora se repite lo mismo.

De modo que dijo adiós a la boa de las rocas y siguió su camino, un poco sentido pero nada asombrado, comiendo melones y tirando por todas partes las cáscaras, porque no podía recogerlas.

Por fin tropezó con lo que parecía un tronco viejo, en la orilla del gran río Limpopo, bordeado por los árboles de la fiebre.

Pero aquello era ni más ni menos que el cocodrilo, y el cocodrilo le guiñó un ojo.

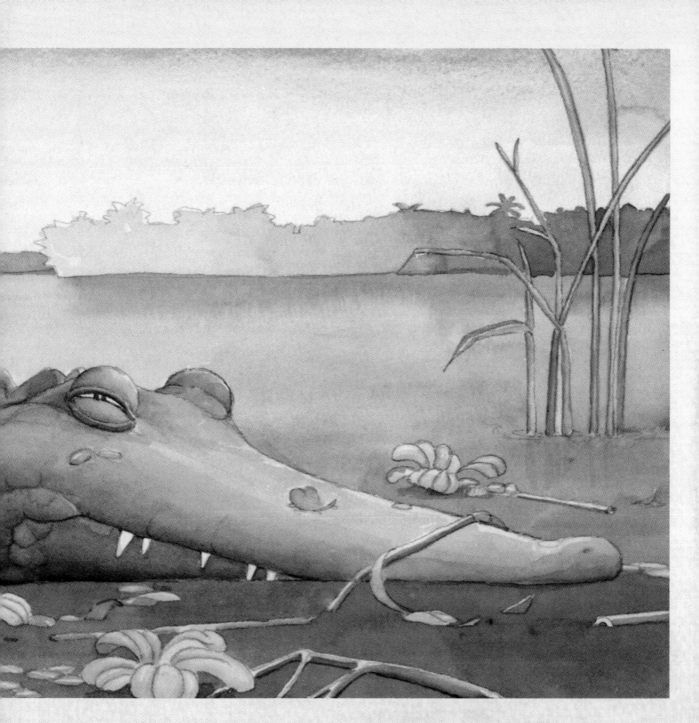

—Disculpe usted —dijo el joven elefante con buenos modales—. ¿No habrá visto usted un cocodrilo en estas confusas regiones?

Entonces, el cocodrilo guiñó el otro ojo y levantó a medias la cola que tenía metida en el fango: el elefante retrocedió con cautela, porque temía que también fuera a golpearlo como lo había hecho la boa.

—Ven aquí, pequeño —dijo el cocodrilo—. ¿Por qué me preguntas estas cosas?

—Disculpe usted —dijo el elefante —pero mi papá me ha regañado, mi mamá se ha enojado conmigo, mi altísimo tío el avestruz y mi altísima tía la jirafa me criticaron, igual que mi gordísimo tío el hipopótamo y mi peludo tío el mandril. Luego la boa de las rocas, que pega muy fuerte, me ha golpeado. De modo que, si usted no tiene inconveniente, ya no quiero que me sigan lastimando.

—Ven aquí, pequeño —repitió el cocodrilo —porque yo soy el cocodrilo.

Y lloró lágrimas de cocodrilo para demostrar la verdad de lo que afirmaba. El hijo del elefante se quedó sin aliento; se arrodilló en la ribera y dijo:

—Usted es la persona que he estado buscando durante todos estos días. ¿No me haría el favor de decirme qué cena?

—Ven aquí, pequeño —dijo el cocodrilo— y te lo diré al oído.

De modo que el pequeño elefante acercó su cabeza a la boca grande y colmilluda del cocodrilo, quien rápidamente tiró un mordisco y atrapó al elefante por la nariz, que hasta ese instante no era más grande que una bota.

—Creo —dijo el cocodrilo entre dientes— que hoy empezaré cenando cachorro de elefante.

Al oír esto, el elefante se enojó y, hablando por la nariz, dijo:

—¡Suéltame! ¡Me lastimas!

La boa, deslizándose por la orilla ribera abajo, le dijo:

—Mi joven amigo, si no te pones ahora mismo, inmediatamente, a jalar con todas tus fuerzas, creo que el amigo del abrigo cuadriculado (se refería al cocodrilo), te lanzará al río antes de que tengas tiempo de decir «glu».

De modo que el hijo del elefante se afirmó sobre las patas y resistió con todas sus fuerzas. Resistió, resistió y resistió. Y el cocodrilo chapoteó furiosamente, levantando espuma del agua con violentos golpes de su cola, y jaló, jaló y jaló.

Y la nariz del joven elefante empezó a estirarse y estirarse, mientras él separaba y extendía sus cuatro patitas para resistir mejor.

El cocodrilo daba coletazos cada vez más fuertes, agitando su cola como un gigantesco remo, y jalaba, jalaba y jalaba. La nariz del elefantito se estiraba cada vez más y más, ¡y le dolía mucho!

De pronto sintió que sus patas empezaban a resbalar; desesperado, hablando por la nariz (que ya tenía casi dos metros de largo), gritó:

—¡Esto es demasiado para mí!

Entonces, la boa de las rocas se acercó al elefantito, se le enroscó con un sólido nudo marinero alrededor de las patas traseras y dijo:

—¡Ay, viajero imprudente y novato! Vamos a tener que dedicarnos a trabajos de alta tensión, porque de lo contrario, ¡ese acorazado con dientes es muy capaz de perjudicar tu futuro!

(Las boas de las rocas siempre hablan así.)

La boa empezó a jalar y el elefantito jaló también y el cocodrilo redobló sus esfuerzos.

Pero parecía que la boa y el elefantito podían más.

Y cada vez, la nariz del elefante se estiraba y se estiraba más y más.

Hasta que, por fin, el cocodrilo soltó la nariz del elefante, con un estallido que se oyó a todo lo largo del Limpopo.

El elefante cayó sentado de golpe. Primero, se preocupó por darle las gracias a la boa de las rocas; luego, trató de curar su pobre nariz estirada. La envolvió en unas hojas de plátano para calmar el dolor y la sumergió en las aguas del río Limpopo para refrescarla.

—¿Para qué haces eso? —preguntó la boa de las rocas.

—Disculpe usted —dijo el elefante—, pero mi nariz está gravemente estirada y estoy esperando a que vuelva a su tamaño normal.

—Tendrás que esperar mucho tiempo —repuso la boa, y suspiró— ¡Hay gente que no sabe lo que le conviene!

El joven elefante se quedó allí sentado durante tres días, en espera de que se le encogiera la nariz. Pero no se le acortó ni un poquito y además, como la observaba constantemente, se estaba volviendo bizco. Porque el cocodrilo se la había jalado tanto, que ya era una verdadera trompa, tal como la tienen los elefantes actualmente.

Hacia el final del tercer día, llegó un tábano y lo picó en la espalda. Al sentirlo, el elefante levantó la trompa y lo aplastó.

—¡Ventaja número uno! —le gritó la boa de las rocas, que lo observaba—. Nunca hubieras podido hacer eso con tu tonta narizota. Ahora trata de comer algo.

Sin pensarlo, el elefantito estiró la trompa, recogió un manojo de hierba, le quitó el polvo restregándola sobre sus patas delanteras y se la metió en la boca.

—¡Ventaja número dos! —exclamó la boa de las rocas—. Nunca hubieras podido hacer eso con tu tonta narizota. ¿No crees que hace mucho calor?

—Tiene usted razón —respondió el elefante. Sin darse cuenta, hundió la trompa en las aguas del río y sorbió una gran cantidad de lodo del fondo.

Se lo echó sobre la cabeza, donde formó una fresca gorra que le iba chorreando placenteramente detrás de las orejas.

—¡Ventaja número tres! —dijo la boa de las rocas—. Nunca hubieras podido hacer eso con tu tonta narizota. Y ahora dime: ¿Te gustaría que te maltrataran nuevamente?

—Disculpe usted —dijo el elefante—, pero no me gustaría nada.

—¿Y no te gustaría poder enfrentarte a los que te maltratan? —preguntó la boa.

—Me gustaría mucho —replicó el elefante.

—Bien —dijo la boa de las rocas— descubrirás que tu nueva nariz es muy útil para defenderte de los demás.

—Gracias —dijo el elefantito—. Lo recordaré. Y ahora creo que me iré a casa y veré qué sucede.

De modo que el hijo del elefante enfiló hacia su hogar, atravesando África y agitando alegremente su nueva trompa.

Cuando quería fruta, la bajaba del árbol en lugar de esperar a que cayera, como tenía que hacer antes.

Cuando quería hierba, la recogía del suelo, en lugar de doblar la rodilla como en otros tiempos. Cuando lo molestaban los tábanos, arrancaba una hoja de árbol y la usaba como abanico y cada vez que sentía demasiado calor, se hacía una nueva gorra de lodo. Cuando le oprimía la soledad, al cruzar las grandes llanuras africanas, cantaba para sí con su nueva trompa, y su sonido era más fuerte que varias bandas de circo juntas.

Hizo un gran esfuerzo para encontrar un hipopótamo y lo revolcó jalándolo de la cola para asegurarse de que la boa de las rocas había dicho la verdad acerca de su trompa. También se dedicó a recoger las cáscaras de los melones que había tirado en su viaje hacia el Limpopo, porque en el fondo era un elefantito muy aseado.

Un sombrío atardecer, cuando ya se había puesto el sol, llegó de regreso con sus antiguos vecinos y amigos. Entonces, el elefante enroscó su trompa y saludó con cortesía.

A todos les dio mucho gusto volver a verlo, pero recordaron cuánto les molestaba su curiosidad y dijeron a coro:

—Ven aquí para que te castiguemos por tu curiosidad insaciable.

—Bah, bah, bah —dijo el hijo del elefante—. Ustedes ya no pueden picotearme, ni jalarme, ni lastimarme...¡Pero yo sí, y se lo demostraré!

Desenroscó su trompa y con un par de golpes mandó a sus hermanos mayores por el aire dando volteretas.

—¡Plátanos! —exclamaron —¿Cómo aprendiste eso? ¿Y qué te has hecho en la nariz?

—El cocodrilo que vive en las riberas del gran río Limpopo, el de las aguas grises, verdosas y sucias que se deslizan entre los árboles de la fiebre, me dio una nueva nariz. Le pregunté qué comía para cenar, y me regaló esta nariz.

—Pues es muy fea —comentó su peludo tío el mandril.

—Tiene usted razón —replicó el hijo del elefante—, pero es muy útil, fíjese usted...

Y con su trompa levantó a su peludo tío el mandril, que con muy mala fortuna, fue a dar sobre un nido de avispas.

Luego, el travieso elefantito, estuvo correteando a sus parientes hasta que todos quedaron francamente asombrados.

A su larguirucho tío el avestruz, que acostumbraba picotearlo, le jaló toda la tarde las plumas de la cola.

Con su nueva trompa el elefantito les hizo travesuras a todos; jaloneó a su tía la jirafa y despertó a su tío el hipopótamo de su calmada siesta, soplándole burbujas de agua y cantándole ruidosamente al oído.

Pero nunca permitió que nadie hiciera el menor daño al pájaro Kolokolo.

Por fin, las cosas se pusieron tan serias, que todos los elefantes hicieron la peregrinación a las riberas del gran río Limpopo, el de las aguas grises, verdosas y sucias, que se deslizan entre los árboles de la fiebre, para lograr que el cocodrilo les proporcionara narices nuevas.

Cuando regresaron, ya nadie se dedicó a castigar a nadie, y desde ese día, todos los elefantes que se pueden ver, más aquellos que no se pueden ver, tienen trompa en lugar de nariz, igualita a la de aquel hijo del elefante, el insaciablemente curioso.

¿Qué te parece?

1. ¿Qué parte de este cuento consideras realidad y cuál fantasía?

2. ¿Qué hizo el elefante para satisfacer su curiosidad?

3. ¿Te has encontrado alguna vez en una situación como la del elefante? Explica tu respuesta.

Escribe en tu diario

A través del cuento, el elefante aprendió varias lecciones. Escribe un párrafo sobre cuáles fueron esas lecciones.

¿Cómo son los elefantes?

Los elefantes son muy buenos caminantes. Recorren largos caminos buscando agua para bañarse y beber, porque les encanta el agua. Se bañan tres o cuatro veces al día.

Tienen la piel muy gruesa y muy sensible. Para cuidarse se echan mucha tierra encima. A veces mientras se bañan se cubren con barro para que los mosquitos no los molesten.

Los elefantes usan la trompa para echarse agua, pero también para agarrar comida, y tienen tanta fuerza que pueden quebrar ramas de árboles para sacar todas las hojas tiernas.

La canción del camino

Aunque voy por tierra extraña
solitario y peregrino,
no voy solo, me acompaña
mi canción en el camino.

Y si la noche está negra,
sus negruras ilumino;
canto, y mi canción alegra
la oscuridad del camino.

La fatiga no me importa
porque el báculo divino
de la canción, hace corta
la distancia del camino.

¡Ay!, triste y desventurado
quien va solo y peregrino,
y no marcha acompañado
por la canción del camino.

Francisco Icaza

CAMINO A LA AVENTURA

¿Te gustaría conocer un lugar que nunca has visitado?

Existen otros lugares además de los que nos rodean— desconocidos, lejanos y diferentes— donde puedes hacer amigos nuevos.

¿Vamos juntos?

Í N D I C E

· ·

La canción del pirata

Con diez cañones por banda,
viento en popa a toda vela,
no corta el mar, sino vuela
un velero bergantín:
bajel pirata que llaman,
por su bravura, el Temido
en todo el mar conocido
del uno al otro confín.

La luna en el mar riela,
olas de plata y azul;
y ya el capitán pirata,
cantando alegre en la popa,
Asia a un lado, al otro Europa,
y allá a su frente Estambul.

"Navega, velero mío,
sin temor;
que ni enemigo navío,
ni tormenta, ni bonanza
tu rumbo a torcer alcanza,
ni a sujetar tu valor".

José de Espronceda

61

El Valle de la Niebla

Arcadio Lobato

En un lejano país hay un profundo valle, cubierto siempre de niebla. Los habitantes de ese valle jamás han visto la brillante luz del Sol. Para ellos, la luna y las estrellas son unas desconocidas.

Nadie ha subido nunca a las montañas para mirar qué hay al otro lado.

65

Los ancianos dicen a los adultos:

—No hay nada más hermoso que nuestro país, y fuera de este valle no hay nada.

Los adultos dicen a los niños:

—Todo lo que necesitamos está en nuestro valle, que es lo más bello del Universo.

Los niños lo creen, y cuando son adultos y más tarde ancianos, les dicen lo mismo a sus hijos y a sus nietos.

Así han transcurrido siempre los años y los siglos.

En el valle hay una fantástica ciudad llamada Bruma. Fuera de la ciudad vive Esteban con su abuelo. La gente dice cuando pasa por allí:

—Ahí viven Esteban y su abuelo, el loco.

El abuelo afirma que detrás de las montañas hay un mundo brillante y lleno de color. Por eso los demás dijeron que estaba loco y lo echaron de la ciudad.

Esteban cree que lo que dice su abuelo es la verdad y quiere ayudarle a demostrarlo.

Pero su abuelo le explica un día:

—Esteban, yo ya soy muy viejo para subir a las montañas.
Algún día subirás tú y abrirás el camino de la luz. Pero antes
debes crecer y ser fuerte para que nadie pueda detenerte.

Esteban pensó esa noche: «Quiero que mi abuelo pueda ver la
luz del Sol antes de que su vida termine.»

Y se pone en camino mientras el abuelo duerme.

Está muy oscuro, pero Esteban sigue adelante.

Oye el rumor del río que le dice: «¡No vayas! Perderás el tiempo.»

Esteban no hace caso. Sigue adelante.

El búho le dice: «¡No vayas! Fuera de aquí no hay nada que hacer.»

Esteban sigue adelante.

Los lobos le dicen: «¡No vayas! ¡Perecerás!»

Esteban sigue adelante. Tiene miedo,
pero sigue siempre adelante.

Amanece. La niebla está muy clara.

Esteban ha llegado a lo alto de una montaña. Por primera vez en su vida ve el Sol naciente. Arriba, todavía lucen algunas estrellas.

Desde allí puede ver las nubes pegadas al valle.

Las torres de Bruma sobresalen por encima de la niebla.

75

Esteban vuelve a la ciudad, acude al Consejo de Ancianos
y les dice:

—He visto un mundo lleno de color más allá de las montañas.

—¡No es cierto! —contestan los ancianos—. ¡Nuestra ciudad es
lo único que existe! Además... ¿quién eres tú?

Alguien grita:

—Es Esteban, que se ha vuelto tan loco como su abuelo.

Y todos se ríen.

—¡Lo he visto y todos pueden verlo! Las torres de este palacio
son más altas que la niebla: ¡subamos a ellas!

—¡Está prohibido subir a las torres! Hay grandes peligros.
¡Nadie ha subido nunca! —responden los ancianos.

—¡Pues alguien tiene que ser el primero en hacerlo! —contesta Esteban, y sale corriendo hacia las escaleras. Es muy ágil, corre a toda velocidad.

Los ancianos corren tras él gritando:

—¡Detente o llamaremos a los guardias!

Esteban se asusta pero sigue adelante.

Vienen los guardias y le persiguen. Al principio van muy de prisa. Pero las armaduras pesan mucho y los guardias terminan por cansarse. Entonces gritan:

—¡Vuelve aquí o irás a la cárcel!

Esteban se da cuenta de que ya no lo atraparán y sigue adelante.

Cuando llegan todos a la torre más alta, se quedan
maravillados.

—¡Oh! ¡Ah! ¡Oh! —exclaman.

Era cierto. Esteban y su abuelo tenían razón. Ante ellos se
extiende un mundo brillante y lleno de color.

Esteban los deja tan contentos y vuelve a su casa. Quiere contarle a su abuelo todo lo que ha pasado. El abuelo lo escucha lleno de alegría y después Esteban se va a dormir porque está muy cansado.

Pasó el tiempo. La ciudad de la niebla envió caravanas más allá del horizonte, y así los habitantes de Bruma conocieron el Sol.

También llegaron viajeros de extraños países que alabaron las bellezas de la ciudad.

En una casita en lo alto de la montaña, donde la luz y la niebla se besan, viven ahora Esteban y su abuelo.

La gente dice cuando pasa por allí:

—Allí viven Esteban y su abuelo, el sabio.

¿Qué te parece?

1. ¿Has conocido a alguien como el abuelo de Esteban?

2. ¿Te gustaría ir a un lugar que no conoces? ¿Cuál?

3. ¿Te da miedo? ¿Por qué?

¿QUÉ ES LA

Cuando baja la temperatura, el vapor de agua se condensa, formando gotitas de agua que se concentran en un lugar y hacen difícil la visibilidad a través de ellas. Se puede formar en las costas, bosques, sobre la superficie de lagos y de ríos, de noche al enfriarse la tierra; o en los límites donde se encuentran dos masas de aire de diferentes temperaturas.

NIEBLA?

La niebla está formada por gotitas de agua bien pequeñitas que están suspendidas en el aire. La niebla es parecida a una nube, excepto que las nubes no tocan la superficie de la tierra, como lo hace la niebla.

La niebla se forma del agua que se ha evaporado de lagos, mares, ríos, o de la humedad del suelo y de las plantas. Esta agua que se evapora, se llama vapor de agua, que se enfría y se expande a medida que sube al aire.

CAMINO A LA FANTASÍA

¿Te has transportado a la fantasía a través de un sueño? Aquí vas a leer sobre sueños, fantasías y un cuento en el que la autora imagina una manera de tomar sueños malos y convertirlos en cosas buenas.

Í N D I C E

. . . .

Las canciones de
Natacha

¡Pajarito chino
de color añil!
Canta, que mi niño
se quiere dormir.

¡Pajarito chino
de color punzó!
Calla, que mi niño
ya se durmió.

La loba, la loba
le compró al lobito
un calzón de seda
y un gorro bonito.

La loba, la loba
salió de paseo
con un traje rico
y su hijito feo.

La loba, la loba
vendrá por aquí
si este niño mío
no quiere dormir.

Juana de Ibarbourou

Nana Bunilda come pesadillas

Mercè Company / Agustí Asensio

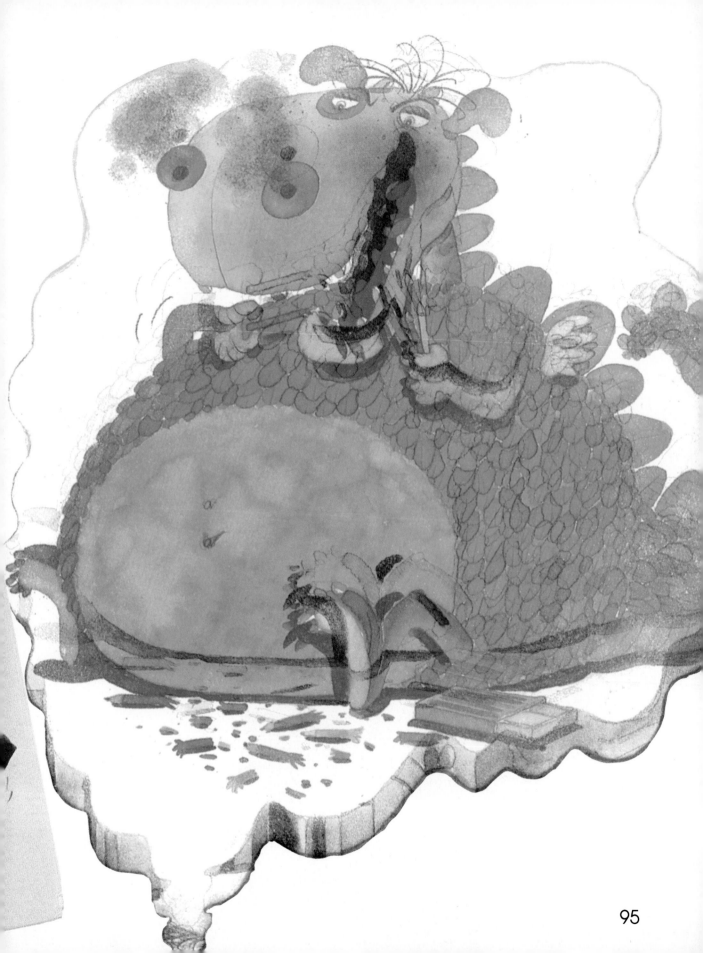

Es pequeña y rechoncha. Más vieja que Matusalén.
Su especialidad son los pasteles de manzana,
pero por culpa de su trabajo siempre los tiene
que hacer de chocolate.
Y nadie como ella tiene unas trenzas tan hermosas,
tan prácticas y especiales.

Así es Nana Bunilda.

Vive en una mesilla de noche. La mesilla está en el desván
de una casa olvidada, construida a las afueras de un pequeño pueblo.
El pueblo se levanta en medio de un profundo valle
al que van los turistas en verano y acude la nieve en invierno.

Todos conocen a Nana Bunilda. Bueno, todos no;
sólo los niños que tienen miedo
y las madres de los niños que tienen miedo.
También los mayores que recuerdan su niñez
y todos aquéllos que la han visto pasar de un lado a otro
haciendo su trabajo.
Porque el trabajo de Nana Bunilda
es llevarse las pesadillas que a veces, traviesamente,
se cuelan por las rendijas de los bellos sueños.

Cuando eso sucede, la llaman
y sus trenzas mágicas reciben el grito de socorro.
Nana Bunilda deja lo que está haciendo,
aunque sea algo tan importante como tender la colada,
limpiar su mesilla o preparar el caldo.
Se encarama a su máquina-especial-aspira-pesadillas
y acude veloz allí donde la reclaman.

El grito puede surgir de la garganta de un niño que se desgañita
de tanto gritar porque, en sueños, ve cómo un dragón
gigantesco e impertinente le estropea los rotuladores
que le acaban de regalar.

Y no se tranquiliza hasta que Nana Bunilda
atrapa el dragón por la cola y lo manda al fondo del saco.

A veces no es un grito, sino un gemido suave y lastimero.
Como el que se le escapó a Papá Noel
la víspera de repartir los juguetes.

Había soñado que se quedaba atascado en una chimenea y se hacía de día sin que hubiera podido dejar ni una bolsa de caramelos.

Sin embargo, a Nona la oye perfectamente.
Es tan chillona que Nana Bunilda no necesita levantar las trenzas
para saber que es ella quien la llama
y le pide que la salve de un sueño feísimo.

Pero no siempre son pesadillas lo que altera la paz de los que duermen; a
veces son sueños pesados, agobiantes. . .
y Nana Bunilda, que es de talante amable y cariñoso,
no tiene reparos en acercarse allí donde se oye un suspiro inquieto.

Como aquella noche en que se llevó
el enmarañado sueño de un chico amante de los gatos.

Así
cada noche,
una vez aquí,
una vez allí,
Nana Bunilda hace su tarea.
Cuando ya tiene la bolsa de la máquina
bien llena, vuelve a su casa.

Pero si de regreso,
tropieza con un bello sueño,
no renuncia a pararse unos instantes
y contemplarlo embelesada.

Y si, a punto de trepar por la pared de la casa,
se cruza con un sueño en el que su amigo,
el gato arrabalero, se hace el valiente con un
ejército de ratones, no duda en hacer un
rinconcito en el saco y ¡ziuu!, le ahuyenta la
pesadilla.

Aunque el trabajo más duro le aguarda en casa.

Sin quitarse ni la bufanda, se da prisa en verter
el contenido de la bolsa en un gran embudo que apunta directamente
a una olla ventruda y llena de abolladuras.

Luego enciende el fuego
y, pim-pam, pim-pam, lo aviva sin parar hasta que las llamas,
alegres como unas castañuelas,
entusiasman y hacen bailar a los sueños que ha recogido.

115

Sólo debe esperar un ratito. Según como sea la luna:
redonda o con cara de raja de melón, blanca o amarilla.
Según llueva o nieve. . .

Por fin, el baile dentro de la olla mágica
transforma las pesadillas
en un dulce y sabroso chocolate
con el que después hará pasteles.

Los hace de todas clases,
grandes y pequeños,
en forma de torta y largos
como barras de pan moreno.
Y cuando ya los tiene bien cocidos
y el desván huele deliciosamente,
se apresura a invitar a sus amigos
que, ciertamente, no se hacen de rogar.

Y bien,
ya lo sabes,
si de noche te visita
sin pedirte permiso
un sueño feo y antipático,
llama a Nana Bunilda
y vendrá a llevárselo.

Siempre acude, no lo dudes.

¿Qué te parece?

1. ¿Es Nana Bunilda un personaje fantástico? ¿Por qué?

2. ¿Qué hacía Nana Bunilda con las pesadillas?

3. ¿Por qué Nana Bunilda se llevaba las pesadillas?

Escribe en tu diario

Escribe una lista de sueños hermosos que hayas tenido y describe
el que te pareció más real.

119

Duerman

Sueñen dulces sueños,
niños míos.
Yo me quedaré despierta
escuchando todos los ruidos
de la noche y del silencio.

En el tierno respirar de ustedes
voy poniendo mil besos.
Y palabras suaves en aquél
que sueña en alta voz
sueños extraños.

Con manos de seda taparé
hasta sus manitas
y trazaré caricias
con líneas infinitas.

¡Duerman tranquilos, sueñen
que yo estoy despierta!

Patricia Lara

El búho

El búho no duerme de noche, pero sueña de día. Paradito en la rama de un árbol mira con ojos fijos hacia el lago.

Ve que peces e insectos se iluminan con la luna. Sus ojos grandes y fijos, a gran distancia divisan algo que mueve las hierbas, y se imagina su cena.

Olvida peces e insectos, vuela rápido al blanco. ¡Ay! qué pena, otra vez se ha equivocado. El búho duerme en el día y sueña que pesca los plateados peces del lago.

GLOSARIO

A

ahuyenta   Hace que se vaya: Cuando el gato llega se **ahuyenta** el ratón.

agobiante   Difícil de soportar: En el verano el calor es **agobiante.**

alabaron   Elogiaron, hablaron muy bien de alguien: Los maestros **alabaron**

a los niños que salieron premiados.

alguien   Alguna persona: **Alguien** se ha comido el pastel.

altera   Cambia: María **altera** la carta antes de enviarla.

antipático Que no es nada simpático: El monstruo de la película es

muy **antipático**.

atascado

apresura   Da prisa, acelera: Juanito se **apresura** para llegar a tiempo.

arrabalero Que vive en un barrio: El perro **arrabalero** es manso.

atascado   Atorado, estancado: El auto se quedó **atascado** en el barro.

aviva   Anima, excita: El entusiasmo del entrenador **aviva** a los jugadores.

B

brillante   Lustroso, reluciente, luminoso: Su anillo de diamantes es

brillante.

burbuja   Globulito de aire dentro de algún líquido: El niño mezcló agua

con jabón y sopló una hermosa **burbuja.**

colada   Ropa blanqueada en lejía: La señora tendió la **colada** en el patio.

cuelan   Pasan por un lugar angosto: Las brisas se **cuelan** por ese agujero.

chillona   Gritona, de voz alta y desagradable: El bebé tiene una voz

muy **chillona.**

chillona

desgañita   Se hace ronco: El niño se **desgañita** de tanto gritar en el

partido de fútbol.

desván   Parte más alta de algunas casas: Los libros viejos están en cajas

en el **desván.**

E

embelesado Encantado, cautivado: El niño se quedó **embelesado** al ver

subir el cohete.

enmarañado Enredado, revuelto: Soplaba tanto viento que Teresa traía

el cabello **enmarañado.**

esbelta   Alta y delgada: María juega al baloncesto y es muy **esbelta.**

estentóreo Con voz muy fuerte: El león tiene un rugido muy **estentóreo.**

encarama   Se sube: El gato se **encarama** al árbol.

exclaman   Gritan con fuerza: Los vendedores **exclaman,**

«¡Frutas y legumbres!»

exclaman

extiende   Ocupa cada vez más lugar que antes: Desde esta torre podemos ver que el valle se **extiende** por todas partes.

extraños   Exóticos, peculiares: En el zoológico hay pájaros muy **extraños.**

fango   Lodo, barro: Arturito jugó cerca del río y trae los pies cubiertos de **fango**.

gritan   Hablan en voz muy alta: Los niños **gritan** mucho durante el partido de béisbol.

impertinente   Molestoso: El perro **impertinente** no dejaba de ladrar.

insaciable   Que nunca queda satisfecho: Mi perrito come y come; parece que es **insaciable**.

mandril   Clase de mono: En el zoológico vimos un **mandril**.

mandril

negruzca   De color negro: La pintura de la casa está **negruzca** por el humo de la chimenea.

126

perecerás   Morirás: «Si te acercas al dragón, **perecerás**,» dijo el ancianito.

persiguen   Siguen, cazan: Los cazadores **persiguen** al león.

profundo   Hondo: Este hoyo está muy **profundo.**

profundo

rechoncha   Gruesa, gorda: La cocinera era una señora **rechoncha.**

sobresalen   Se distinguen entre los demás, fácilmente llaman la atención: Los

dos niños **sobresalen** porque son los más altos de la clase.

socorro   Auxilio, ayuda: Al caer en el río, el hombre gritó: «¡**Socorro!**»

surgir   Salir, aparecer: Creo que va a **surgir** un problemita.

talante   Humor, ánimo: Juan siempre está de buen **talante.**

sobresalen

tranquiliza   Se calma: Tómese un vaso de leche con galletas y verá cómo

se **tranquiliza.**

trenzas   Las que se hacen entretejiendo el cabello largo. Esa niñita

tiene unas **trenzas** muy largas.

trenzas

vísperas   El día antes, cerca de: Estamos en **vísperas** de su cumpleaños.